AF496364

ÉLOGE
DE M. LE MARQUIS
DE VALLIERE,

Prononcé à l'Académie Royale des Sciences, le 17 Avril 1776,

Par M. DE FOUCHY, Secrétaire perpétuel de la même Académie.

M. DCC. LXXVI.

ÉLOGE

DE M. LE MARQUIS DE VALLIERE.

JOSEPH FLORENT, MARQUIS DE VALLIÈRE, Lieutenant-Général des Armées du Roi, Gouverneur de Bergues-Saint-Vinox, Chevalier de l'Ordre Royal & Militaire de Saint Louis, ancien Directeur général du Génie & de l'Artillerie, naquit à Paris, le 22 Juin 1717, de Jean Florent de Vallière, Lieutenant-Général des Armées du Roi, Directeur général des Bataillons & des Écoles d'Artillerie, Gouverneur de Bergues-Saint-Vinox, Grand-Croix de l'Ordre de Saint Louis, & de Marguerite Martin.

Il fit ses premieres études au Collége de Louis-le-Grand, tenu alors par les Jésuites. Mais nous ne le suivrons pas dans cette carrière, qu'il ne parcourut pas même entièrement. Il en sortit à peine âgé de quatorze ans, pour aller aux écoles d'Artillerie se mettre en état de suivre dignement les traces d'un pere dont la gloire, si justement méritée, étoit pour lui un puissant motif d'émulation, l'exemple une leçon toujours présente, & les instructions des moyens sûrs de s'élever aux mêmes honneurs.

Nous passerons aussi rapidement sur tout ce qu'il fit à l'école d'Artillerie & dans les premiers postes où il fut employé, nous nous contenterons de dire qu'il en remplit les devoirs avec la plus grande exactitude. Il se munissoit dans le silence des connoissances nécessaires à son état; il observoit avec soin les différentes opérations & les différens effets de l'Artillerie, & jettoit, pour ainsi dire, les fondemens des succès brillans, qui ont depuis couronné son zèle & ses travaux.

La carrière militaire de M. de Vallière ne commença, à proprement parler, qu'en 1734, en même temps que cette guerre qui acquit la Lorraine à la France: il servit au siége de Philisbourg en qualité de Commissaire extraordinare. C'étoit devant la même Place que son illustre père avoit fait ses premieres armes en 1688. Philisbourg étoit devenu, pour ainsi dire, le berceau de leur gloire, comme Paris avoit été celui de leur famille.

Il fut fait en 1736 Lieutenant-Provincial d'Artillerie au Duché de Bourgogne, & en 1739 Commiffaire-Provincial. Ce fut en cette dernière qualité que, la guerre éteinte par la paix de 1738, s'étant prefqu'auffitôt rallumée, il fervit en 1741, & fit la campagne de Prague. L'Artillerie n'y joua pas le principal rôle; mais la manière avec laquelle il travailla à vaincre les difficultés qui fe trouverent tant pour la conduire, que pour la ramener, la prudence & l'activité qu'il mit dans toutes les occafions délicates, qui ne fe préfenterent pendant cette campagne, qu'en trop grand nombre, la fenfibilité qui pénétra plus d'une fois fon cœur, véritablement humain, à la vue des fatigues & des misères que nos Troupes eurent à effuyer dans cette expédition, lui firent le plus grand honneur, & méritent bien d'avoir place dans fon Éloge. Au retour de cette campagne, il fut fait Lieutenant du grand Maître, & fervit en cette qualité fous les ordres de M. fon père. Il fe trouva cette même année à la bataille de Dettinghen. Nous ne répéterons point ici ce que nous en avons dit * dans l'Éloge de ce dernier, nous dirons feulement qu'il y commanda la batterie qui étoit à la droite de l'armée, fur le bord du Mein, & que cette batterie fut une de celles

* V. Hist. 1759, p. 254.

qui incommoderent le plus les Ennemis. Il avoit été, au commencement de la campagne, fait Chevalier de Saint Louis. Après les preuves de valeur & de capacité qu'il avoit données, personne n'avoit certainement plus de droit que lui à un ordre uniquement institué pour être la récompense d ces mêmes qualités. L'année suivante, il servit dans l'armée du Rhin, avec le double titre de Lieutenant du grand Maître & Brigadier d'Infanterie; ce grade lui avoit été conféré au commencement de cette campagne, qui fut terminée par une conquête importante à laquelle il eut la plus grande part.

Le siége de Fribourg ayant été résolu, on crut ne pouvoir mieux en assurer le succès, qu'en y appelant MM. de Vallière. Nous avons dit dans l'Éloge du père, que les pluies continuelles qui inondèrent, presque pendant tout le siége, les travaux, mirent bientôt ce respectable veillard hors d'état de servir : son fils le suppléa pendant tout le reste du siége, & malgré la longue & vigoureuse défense de la Place & de ses Châteaux, elle fut emportée.

En 1745, il commanda en second l'Artillerie à tous les siéges de Flandre, & sur-tout à celui de Namur. Cette Place redoutable, qui avoit autrefois arrêté les armes victorieuses de Louis XIV, ne put tenir contre notre Artillerie, & se rendit très-promptement.

Il fit en 1746 tous les siéges de la campagne ; & feu M. le Maréchal de Lowendal avouoit hautement qu'il devoit, aux talens, aux soins & à l'activité de M. de Vallière, la rapidité avec laquelle se firent ces conquêtes. Il se trouva dans la même campagne à la bataille de Rocoux, où il rendit les plus grands services.

Au commencement de 1747, il fut encore nommé pour commander en second l'Artillerie de l'armée de Flandre; il venoit d'être nommé Maréchal de Camp & de succéder à M. son père dans la direction générale des Écoles & des Bataillons d'Artillerie; & ce fut dans cette campagne qu'il eut la plus belle & la plus brillante occasion de signaler son zèle, en contribuant infiniment à la prise de Berg-op-zoom, assiégé par M. le Maréchal de Lowendal.

Nous avons dit dans l'Éloge de ce dernier, que toute l'Europe militaire s'étonna quand on le vit s'attacher à cette Place. Les commencemens de ce siége furent en effet très-lents & très-meurtriers par la supériorité du feu de la Place, que toutes les batteries qu'on avoit établies ne pouvoient éteindre. M. de Lowendal crut avoir une ressource assurée dans M. de Vallière, & il obtint qu'il vînt prendre la conduite de l'Artillerie du siége.

Dès qu'il y fut arrivé, tout changea de face; il trouva qu'on avoit rendu le front de l'attaque beaucoup trop étroit, ce qui ne permettoit d'attaquer l'Artillerie de la Place que directement & avec peu d'effet; il lui donna plus d'étendue, & avec deux seules batteries à ricochet qu'il établit à ses extrêmités, il rendit inutiles toutes les bouches à feu qui foudroyoient auparavant les Assiégeans. On dut même en grande partie la prise de cette importante Place, à la fermeté avec laquelle il soutint qu'on devoit attaquer le corps de la Place en même-temps que le ravelin, attaque qui trompa le Commandant Hollandois, parce qu'il ne la croyoit pas possible : tant il est vrai, & sur-tout à la guerre, que les démarches bien combinées, sont d'autant plus proches du succès, qu'elles paroissent plus éloignées de la possibilité.

L'année suivante, après plusieurs marches sçavamment combinées par M. le Maréchal de Saxe, pour donner le change à l'Ennemi, l'Armée se rabattit sur Maëstrecht, dont on forma le siége. M. de Vallière qui y commandoit en second l'Artillerie, disposa ses batteries de maniere que la résistance de la Place n'eût sûrement pas été longue, si la suspension d'armes, qui se fit presqu'aussitôt, n'eût interrompu le siége & ne lui eût, pour ainsi dire, arraché des mains la part qu'il auroit dû légitimement avoir à la gloire de cette conquête. Il fut élevé dans la même année au grade de Lieutenant-Général.

Le Roi ayant jugé à propos en 1755 de réunir en un seul les deux Corps de l'Artillerie & du Génie, Sa Majesté chargea M. de Vallière de la direction générale de ces deux Corps réunis. Le Ministère étant changé, on proposa en 1758 une Ordonnance qui, outre la séparation des deux Corps, contenoit plusieurs autres objets sur lesquels on desiroit avoir l'approbation de M. de Vallière; & pour l'y déterminer, on lui offrit à cette condition le Cordon Rouge qu'on sçavoit qu'il désiroit, avec l'assurance d'avoir incessamment la Grande Croix. Mais M. de Vallière répondit qu'aucune grace ne pourroit jamais l'engager à approuver ce qu'il croyoit contraire au bien du service. Combien d'autres à sa place eussent saisi l'occasion d'obtenir une distinction qu'il desiroit & qu'il méritoit! mais il fut toujours inflexible, & jamais il ne s'en montra plus digne qu'en la refusant.

La guerre s'étant rallumée, M. le Maréchal de Richelieu passa à Minorque pour faire la conquête de cette isle, & forma le siége du Fort Saint-Philippe. La longue résistance qu'on craignoit, engagea le Gouvernement à y envoyer M. de Vallière, qui, comme on a vu, avoit l'art d'abréger les siéges. Il partit en effet pour s'y rendre; mais il apprit à Lyon qu'une attaque audacieuse combinée & proposée par un Officier général, * que l'Académie se fait honneur de compter au nombre de ses Membres, avoit hâté la réduction de la Place, & que M. le Maréchal en avoit pris possession au nom du Roi.

* M. le Comte de Maillebois.

La campagne suivante, il commanda en chef l'Artillerie dans l'armée de M. le Maréchal d'Etrées. Ce fut sur-tout à la journée d'Hastembeck qu'il rendit les plus grands services, par le choix réfléchi des divers postes où il établit ses batteries, & par l'activité avec laquelle elles furent servies.

M. le Maréchal d'Etrées ayant quitté le commandement de l'Armée, ce commandement passa successivement à M. le Maréchal de Richelieu, à M. le Comte de Clermont & à M. le Maréchal de Contades. M. de Vallière commanda en chef l'Artillerie sous ces trois Généraux, & ce fut sous le commandement du dernier qu'il arriva une rencontre singulière & trop honorable à M. de Vallière, pour la passer sous silence.

L'armée Françoise étoit en marche : en approchant du Bourg de Frauvillers, elle rencontra celle des Ennemis commandée par le Prince Ferdinand, qui n'eut pas plutôt apperçu les François, qu'il commença à ranger ses Troupes en bataille pour les venir attaquer. M. de Vallière mit une telle activité dans la disposition de ses batteries, qu'en moins de deux heures, tout le front de l'armée se trouva hérissé d'une nombreuse Artillerie. Cette disposition rallentit l'ardeur du Prince ; il craignit, & avec raison, que cette Artillerie si promptement rassemblée, ne portât encore plus promptement dans son armée un désordre irrémédiable ; il se replia & poursuivit sa route, sans s'approcher davantage. Cette campagne fut la derniere de M. de Vallière ; la paix qui la suivit mit des bornes à son zèle, & le força de tenir ses talens dans l'inaction. Ce fut à peu près dans ce même-temps que le Gouvernement de Bergues-Saint-Vinox étant venu à vaquer par la mort de son père, le feu Roi le lui donna sur le champ.

Il est aisé de voir combien les occupations de M. de Vallière supposoient chez lui de connoissances de mathématique & de physique, & combien elles avoient de rapport à celles de l'Académie. Il desiroit avec ardeur d'y venir puiser les principes qui devoient encore étendre ses lumières, & l'Académie souffroit impatiemment de voir sa liste privée d'un nom qui lui étoit devenu si cher. Elle trouva moyen de se l'acquérir en 1761 en lui conférant une des nouvelles places dont le Roi venoit d'augmenter la classe des Associés-libres.

Il ne jouit pas long-temps tranquillement de cette nouvelle dignité ; sa réputation avoit franchi les bornes du Royaume & passé jusques dans les Cours étrangères. Dans la même année où il fut admis à l'Académie, le Roi d'Espagne, actuellement régnant, le fit demander au feu Roi par son Ambassadeur ; & le Roi permit à M. de Vallière de se rendre auprès de ce Prince.

Son départ fut accompagné d'une circonstance singulière. M. de Choiseul, alors Ministre, lui offrit de lui faire compter par le Roi tout l'argent nécessaire pour faire ce voyage avec toute la dignité convenable. M. de Vallière ne voulut point accepter cette offre ; il répondit que les bienfaits du Roi & son économie l'avoient mis en état de faire son voyage sans être à charge à Sa Majesté, & qu'il la supplioit d'employer l'argent qu'elle vouloit lui donner au paiement de ceux des Officiers qui en avoient le plus de besoin.

Le Roi d'Espagne n'eut qu'à s'applaudir de la démarche qu'il avoit faite. Dans le court espace de moins de deux ans que M. de Vallière passa en Espagne, il y rendit les services les plus considérables; arsenaux, manufactures d'armes, poudre, artillerie, fortifications, tout fut examiné avec le plus grand soin; & ce ne fut qu'après avoir rempli parfaitement toutes les vues du Prince qui l'avoit appellé, & surpassé même son attente, qu'il se prépara à revenir en France. On lui avoit fait en Espagne les propositions les plus avantageuses pour l'engager à s'y fixer; mais son zèle & son attachement pour son Roi & pour sa patrie les lui firent constamment rejetter. Il refusa de même les sommes considérables dont le Roi d'Espagne voulut reconnoître ses services, & partit emportant avec lui le portrait de ce Prince enrichi de diamans dont il lui avoit fait présent; une lettre au Roi, dans laquelle il faisoit la mention la plus honorable des services de M. de Vallière; un titre de Castille sous le nom de Marquis de Vallière, dont le Roi lui fit expédier le diplôme le plus flatteur: titre qui lui fut confirmé en France aussi-tôt après son retour, & l'estime & l'admiration générale de la Cour d'Espagne & de la Nation.

Le Roi d'Espagne n'avoit pu vaincre la modestie ni le désintéressement de M. de Vallière. Il crut pouvoir les éluder, & fit écrire à M. de Choiseul, par son Sécrétaire d'Etat, une lettre par la quelle il chargeoit ce Ministre d'engager le Roi son cousin à reconnoître en France, par des graces que M. de Vallière ne pût refuser, les services dont il n'avoit pas voulu recevoir la récompense en Espagne ; cette lettre suffiroit seule pour faire de lui le plus parfait éloge. D. Ricardo Wal y dit formellement qu'il emportoit avec lui l'estime du Roi & celle de toutes les personnes avec lesquelles il avoit eu à traiter, & qu'on avoit sur-tout regardé comme un prodige, qu'un homme pût réunir autant de talens militaires avec autant de modestie. Cette lettre si flatteuse eut l'effet qu'on en devoit attendre. M. de Valliere qui avoit refusé des récompenses en Espagne, n'en demanda point en France, & continua de ne les solliciter que par ses services. Son désintéressement eut tout lieu d'être satisfait ; car malgré les pressantes recommandations du Roi d'Espagne, il ne reçut aucune grace.

Cette espece de refus avoit cependant encore une autre cause. Depuis environ 60 ans, MM. de Vallière pere & fils avoient mis tous leurs ſoins à mettre le Corps Royal d'Artillerie dans le meilleur ordre, & c'eſt preſqu'entiérement à leur zèle que nous ſommes redevables de la ſupériorité de notre Artillerie ſur toutes celles de l'Europe. On juge aiſément que ce changement ſi avantageux n'avoit pu s'opérer qu'en aſſujettiſſant les Officiers de ce Corps à des réglemens qui ne leur permiſſent pas de s'écarter du point de vue qu'ils devoient avoir, & qui puſſent mettre obſtacle aux abus qui s'y trouvoient établis. Ces réglemens ſi ſages ne plurent pas à tout le monde, & les mécontens marquerent leur mauvaiſe humeur. M. de Vallière le pere en avoit plus d'une fois éprouvé les effets; mais l'éclat de ſa gloire leur en impoſoit, & on n'avoit juſques-là oſé agir qu'avec précaution. Ce feu caché plutôt qu'éteint ſe ralluma d[illegible] qu'on vit le fils marcher dignement ſur les traces de ſon pere; & on travailla à le détruire dans l'eſprit des Miniſtres; il eſt vrai qu'il donnoit beau jeu à ſes ennemis; il n'avoit nullement l'art de ſe faire valoir, & ne paroiſſoit à la Cour que lorſque ſon devoir exigeoit abſolument qu'il y parût. On profita de ſon abſence. La fermeté avec laquelle il refuſa toujours de donner la moindre atteinte à ces ſages réglemens qu'il regardoit comme l'ame du Corps de l'Artillerie, fut traitée d'opiniâtreté, ſon exactitude de rigoriſme ; il reſta long-tems ſans pouvoir exercer ſes fonctions de Directeur-Général de l'Artillerie ; & ce qui le touchoit encore davantage, ceux qu'il avoit placés participoient à cette eſpèce de diſgrace. On peut juger aiſément du chagrin qu'elle lui cauſoit : il ne rabattoit cependant rien de ſon travail ; il en fut la victime, il devint ſujet à de fréquens maux de tête, & ſa ſanté ſe dérangea entiérement.

A ſon retour d'Eſpagne, ſes amis & ſa famille exigerent de lui qu'il ſe mariât ; & il épouſa en 1765 Marie-Louiſe-Victoire du Bouchet de Sourches, de laquelle il a eu deux enfans, un fils & une fille. Le Roi d'Eſpagne voulut que M. le Comte de Fuentes, alors ſon Ambaſſadeur, tînt en ſon nom, ſur les fonts de baptême, Mademoiſelle de Vallière, & envoya à Madame la Marquiſe un magnifique bracelet où étoit ſon portrait : honneur qu'il n'accorde qu'à peu de perſonnes de ſa Cour.

Ce même Prince lui donna peu après une nouvelle preuve de ſon eſtime & de la ſatisfaction qu'il avoit de ſes ſervices, en demandant à la Cour de France qu'il ſe tranſ-

portât

portât à Naples auprès du Roi des deux Siciles, qui desiroit profiter de ses lumières. Il fit ce voyage avec le même succès qu'il avoit fait celui d'Espagne, & revint en France après avoir satisfait à tout ce que ce Monarque exigeoit de lui.

A l'avénement de M. le Marquis de Monteynard au Ministère, le Roi ordonna à M. de Vallière de reprendre ses fonctions de Directeur - Général de l'Artillerie. Il s'excéda de travail pour éclairer le Ministre sur cette partie : ses maux de tête devinrent presque continuels, il s'y joignit un crachement de sang, & on le vit dépérir sensiblement.

Malgré cet état fâcheux, une dispute survenue entre les Officiers d'Artillerie obligea M. de Vallière à reprendre la plume. Il s'agissoit de sçavoir si on devoit adopter les pièces courtes & légères à l'exemple de quelques Puissances de l'Europe. Ces pièces étoient, disoit-on, bien plus aisées à conduire que les autres ; elles pouvoient par conséquent être multipliées sans augmenter la dépense, & le service en étoit plus prompt. M. de Vallière qui n'étoit nullement d'avis de les adopter, consigna les motifs de son refus dans un Mémoire qu'il lut à l'Académie l'année dernière, peu avant les vacances, & que l'importance de la matière a engagé l'Académie à publier dans la seconde Partie du volume de 1772, actuellement sous presse. Il y fait voir par les calculs les plus exacts & les raisonnemens les plus forts, que ces pièces exigent, quoique plus légères, un plus grand nombre de chevaux, à cause des accessoires, & beaucoup plus de munitions; qu'elles ne peuvent, comme les pièces ordinaires, être employées aux sièges; ce qui mettroit dans la nécessité d'avoir deux trains d'Artillerie, un pour les siéges, & l'autre pour la campagne; que leur peu de longueur & leur légèreté mettent obstacle à la justesse du tir, à la force du coup qui devient incapable de ricochets, & à l'étendue de la portée; que leur recul est infiniment plus grand que celui des pièces ordinaires, & peut souvent causer des accidens fâcheux. En un mot tout ce qui a rapport à cet important objet y est soigneusement discuté; & on y reconnoît par-tout le zèle & la supériorité de lumières de l'Auteur.

C'est par ce dernier travail qu'il a fini sa carrière, & l'Académie se glorifiera toujours d'avoir reçu les dernières étincelles de son génie. Il vécut encore quelques mois, souffrant & dépérissant toujours, sans cependant garder le lit ni la chambre.

Le 6 Janvier dernier, ayant soupé très-légèrement à son ordinaire, il fut frappé d'un coup de sang qui lui ôta sur le champ la connoissance, la parole, & le mouvement de tout un côté du corps. On tenta, pour le soulager, tout ce qu'on connoît de plus puissant en pareil cas; mais tous les secours furent inutiles: & après avoir langui plus de trois jours sans reprendre la connoissance ni la parole, il mourut le 10 du même mois, âgé d'un peu moins de 59 ans, emportant avec lui les regrets de tous ceux qui le connoissoient.

On trouva à l'ouverture du corps beaucoup de sang épanché dans la tête, & les vaisseaux du cerveau émincés & variqueux. C'est ainsi qu'un homme précieux, que les périls & les fatigues de la guerre avoient toujours épargné, a été enlevé à sa patrie dans un âge qui permettoit d'en espérer encore une longue suite de services; & il y a tout lieu de croire que s'il eût vécu plus long-temps, il seroit parvenu aux plus grands honneurs militaires.

M. de Vallière étoit grand & bienfait; son abord étoit sérieux & froid en apparence; mais il n'en étoit ni moins sensible, ni même moins gai lorsqu'il se trouvoit avec ses amis; il étoit compatissant & généreux, sans la moindre prétention, pas même à la reconnoiſſance. Il avoit eu pour M. ſon père & Madame ſa mère l'amour le plus tendre & le plus ſoumis. Depuis ſon mariage il a toujours vécu dans la plus grande union avec la digne épouſe que le Ciel lui avoit donnée, & faiſoit ſon unique amuſement de l'éducation des deux enfans qu'il en avoit eus. Il eût été bien à deſirer qu'il eût pu la leur continuer plus long-tems ; mais il leur a laiſſé ſon ſang, ſes exemples, & une mère capable de les animer à les ſuivre.

Il étoit extrémement doux & humain avec ſes domeſtiques, auſſi en étoit-il tendrement chéri. Le héros, à la tête des armées, ne ſe démentoit point avec ſon valet-de-chambre ; jamais perſonne n'a été plus ennemi du faſte & de l'oſtentation. Cet homme couvert, aux yeux de toute l'Europe, de la gloire la plus éclatante, ſembloit être le ſeul à l'ignorer : il étoit toujours vêtu ſimplement, alloit le plus ſouvent à pied, & ne recherchoit aucune diſtinction. Cette ſimplicité ſi précieuſe, & cette modeſtie qui avoit étonné la Cour d'Eſpagne, avoient leur ſource dans une vertu encore plus eſtimable, dans l'humilité chrétienne.

Il poſſédoit ſouverainement ce qu'on nomme à la guerre le coup d'œil ; toutes les circonstances accessoires se combinoient avec rapidité dans sa tête ; & il savoit en tirer des conclusions si certaines, qu'on l'a vu souvent combattre des reconnoissances faites, à ce qu'on croyoit, avec soin, par des conjectures tirées de ses observations, & avoir raison. Ce talent si précieux lui épargnoit les tentatives inutiles, & on pouvoit être assuré que les routes qu'il prenoit, les postes qu'il occupoit, & l'emplacement de ses batteries étoient toujours les plus avantageux qu'on eût pu choisir.

Il ne connoissoit pas l'oisiveté du camp : jamais occupé de plaisirs, ni d'intrigues, son amusement ordinaire étoit de se promener avec quelques Officiers d'Artillerie dans les environs. Il examinoit, dans ces promenades, par où l'artillerie pourroit aller, de quelque côté qu'on voulût diriger sa marche ; par où l'ennemi pouvoit venir, & où l'on pouvoit placer le plus avantageusement ses batteries pour l'en empêcher : c'étoit par ce moyen qu'il étoit toujours prêt à tout événement, & qu'on ne l'a jamais vu réduit à délibérer quand il falloit agir.

Dans l'action la plus vive, il conservoit un sang froid inaltérable, il sembloit ne voir le péril que pour prendre le meilleur parti qui restoit à prendre. Jamais il n'évita d'aller dans les endroits les plus dangereux quand son devoir l'y appela ; mais jamais aussi il n'affecta la ridicule bravoure de s'exposer sans nécessité ; il savoit que si le véritable brave ne doit jamais craindre de perdre la vie, il doit toujours appréhender de perdre sa mort.

Personne ne fut jamais plus éloigné que lui d'abuser de sa place pour s'enrichir ; il pouvoit disposer de gros fonds ; il jouissoit de bienfaits du Roi très-considérables, & cependant il n'a laissé en mourant qu'une fortune médiocre.

Sérieusement occupé dès sa jeunesse, il n'a pas eu le tems de se déranger ; il aimoit la vertu pour elle-même, & il la voyoit avec autant de plaisir dans les autres, qu'il en avoit à la pratiquer lui-même : aussi y en a-t-il peu dont il n'ait donné des exemples.

La place d'Associé libre que M. de Vallière occupoit parmi nous a été remplie par M. le Comte de Milly, Colonel de Dragons.

FIN.

EXTRAIT des Regiſtres de l'Académie Royale des Sciences, du 22 Mai 1776.

PAR délibération du 22 Mai 1776, l'Académie a conſenti que Madame la Marquiſe de Vallière fît imprimer à part le Mémoire lu par feu M. le Marquis de Vallière, les 16 & 23 Août 1775, *ſur la ſupériorité des Pièces d'Artillerie longues & ſolides, ſur les Pièces courtes & légères*, & qu'elle y joignît l'Éloge de M. de Vallière, prononcé dans la Séance publique du 17 Avril 1776, lui cédant à cet égard ſon Privilége; en foi de quoi j'ai ſigné le préſent Certificat. A Paris, le 31 Mai 1776.

Signé, GRANDJEAN DE FOUCHY, Secrétaire perpétuel de l'Académie Royale des Sciences.

www.ingramcontent.com/pod-product-compliance
Ingram Content Group UK Ltd.
Pitfield, Milton Keynes, MK11 3LW, UK
UKHW021159230726
13926UKWH00001B/198